JN409080

# 계절의 만남

# 계절의 만남

이말례 사진시집 

다솜출판사

# Profile

시인 이말례는 충남 부여에서 태어나 〈문예시대〉 신인상으로 등단했다. 전)우전문학회 회장, 부산문인협회 회원, 부산시인협회 이사, 카톨릭문인협회, 남구문인협회 이사로 활동하고 있으며 부산미용학원 원장, 성수미용직업훈련원 원장, 이말례 피부비만타운 원장을 역임하고 현재는 (사)한국사진작가협회회원으로 활동하고 있다.

시인은 이번 여섯 번째 시집 『계절의 만남』을 통해 주변부 삶의 여러 모습들을 그린 1시집과는 달리 자기 자신의 보다 내밀한 모습을 보여주고자 애쓴 흔적들이 확연히 드러난다. 이는 시의 대상을 사물과 자연, 내면의 자유의식까지 확장되었다는 뜻이기에 시인의 시를 보는 또 다른 즐거움이 되고 있다.

- 세대공감 문예한마당 대상 (시장상)
- 부산 오륙도문학 본상 수상
- 최치원 문학상 본상 수상

- 온가곡 합창단 단원
- 영사시 동인회 회장
- 한국사진작가 회원

# 이말례 사진시집

leemy645@daum.net

Nikon

# 사진 시집을 내면서

코로나에 막혀
자유롭지 못한 시간들이
안타까워도 자연은
시치미떼듯 아름답고
갖가지 꽃들은 예뻤습니다

텅 빈 길목의 한 모퉁이가
뜨겁던 계절의 뒤안이라 할지라도
처음의 제 모습을 흔들리지 않고
사진 속에 얘기들을 시로 표현하고

살아있음에 하느님께 감사하며
행복을 가져다주는 꽃향기
바람과 더불어 불려 나오는 계절 속에서
즐겁고 행복했습니다

**이말례 시인**

# 차 례

# 가을

바람에 나풀거리는
아름다운 나무 잎새들
아침에 빛나는
꽃보다 예쁜 단풍

바람결에 출렁이는 잎새들
호수에 조용히 내려앉으면
해맑은 하늘이
곱게열린다

# 찰나의 순간 포착이 있다

시간의 줄달음을 붙들고
기다리는 일출
몽정이 쏟아지는 바다는
수평선 끝으로 붉게 물들이고 있다

자연의 환희에
추위를 잊은 피사체
큰호흡을 가다듬는다
햇살의 에너지로 웃는들판

태초의 신록이듯 빛나는
찬란
그것들의 언어에 용틀임하는
바다는 가라앉은 침묵으로
노래를 들려준다

# 연못

색색이
아른거리는 꽃무리
파란 하늘을 품어
신선한 바람 붙들고

이름도 모른 새들
부지런한 벌과의 인사
노래를 부르는 새들

연못에 아름다운 음악이
모이고 긴시간
즐거움이 넘친다

홀로 외롭지 않은 풍경
삶의 힘이되는
오늘의 출사
행복이 가득하다

# 첨성대

은은한 빛깔로
바람에 실려
곡선을 그으며
날아오르는 몸짓

시린 바람 밀어내어
꽃망울 터지고
봄따라 피는꽃 청량한 꽃내음
상쾌하고 맑은 바람을 밀어 낸다

# 기다림

홀로 서성대는 오후
웃을 줄만 아는
반길 줄만 아는

길다란 사연들이
연분홍 가슴에 묻히어
풍경을 수놓는 이런날

봄이 여는 문소리에
우울한 날들이 떠나고
홍매화 가지 끝에

아지랑이 같은 바람이 걸리면
향기가
봉긋이 피어 나겠지요

# 꽃무릇

바람결에
출렁이는 푸르름 속에
꿈꾸는 산들은

해맑은 하늘이
곱게 열리면
꽃무리 속살 드러낸
푸른 일상

자연의 환희에
큰 호흡을 가다 듬는다
하늘을 수놓는 빛고을
기다리다 지처
한숨 기운다

## 참새

포롱 포롱 나르다가
먹이위에 내려 앉아
미세한 날개짓
생존의 몸짓이 아득하다

참새들의 언어
날아 오르는 귓전
순간의 이동
흔들리는 카메라
숨차 오른다

# 이끼계곡

살며시 바위에
발을 내딛는
잠든 바람이 깨어 일어난다

높은산에서 서서히
아래로
나지막한 숨소리로
속삭인다

산골 맑은 물은
콸콸 파르르 바쁘게
달려간다

## 산수유

노오란
4월의 꽃 앞에
눈을 헹군다

샤르르 촬촬
씻어내는
가지 끝에 꽃망울

맑게 피다
피었다 사라지는
수줍은 안개처럼

설마
떴다 지려고?
봄이라고 웃는다

노랗게
노란 웃음꽃

# 예수님

슬프고 괴로울 때
낮은 목소리로 기도할 때
미움이 남아 어두운 상처도

내삶의 실패 속에서도
희망의 빛을 주신 예수님

# 핑크뮬리

비껴간 세월
혼곤히 잠든 꿈길에서
만나는 기쁨

참좋은 꽃길 따라
지난 세월을 붙잡고 있네

창문을 두드리는
굵은 빗방울
터지는 울음 핑크빛 그곳
그리움 닿는곳

# 홍덕 왕릉

안개 지욱한 낮으막 한 산자락
어디선가 본듯한 옛모습
묘한 인연의 끝자락 같은
내안에 신비로운
다리를 놓아준다

자연의 숲속에는
이야기가 가득차 있다
그 이야기들은
소리를 통해 표현하고 싶어한다

절실함을 알어줄
누군가를 필요로 한다

# 순매원

칼같은 바람에도
간간이 타버린 가슴은
나목의 흔들림에 이끌려
침묵을 깨뜨린다

자욱하게 내려앉은
안개틈으로 뿌려지는
황사바람에
계절보다 먼저 건조해지는
기다림

까칠하던 겨울의
회색하늘은
연분홍 꽃가지 끝에
벗겨지고

봄은
살며시 미소를 띄우며
문턱을 넘는 기척을 보인다

# 동박새

꼬리 잡으려
점점이 떠있는
구름속으로
온몸 흔들며 숨어든다

손바닥
간질이다
빙글 거리며
숨어 버린다

얼핏대는 햇살 비껴가기 바빠
두날개 하강하다 무거워진 눈초리
시간을 세운다

# 빅토리아 연꽃

햇살을 재촉하여
꽃을 피운다
한겹 한겹 그림자 여울
꽃망울 터뜨린다

건조해진 마음에
환희의 푸른 계절로 이끈다
꽃구름 살랑거려
창너머 눈주름 날리면

소곳이 피워 올린 꿈
세월에 밀려
유혹되고 싶은
화려한 희망을 맞이하려
마음을 비운다

# 개개비

애잔한 바람에 피어나는
구름 사다리 딛고
하늘을 안는다
아름다운 옷깃으로

개개비의 노래가
단종의 오선지에서
내려오지 않는다
긴봄날에

조용히 웃어주는
고즈넉한 햇살아래
기쁨이
옅은 움직임으로
조용히 다가온다

# 월 류 봉

산과 산 겹치듯이
꿈속이듯이
운해는 하얗게 내려앉는다

굽이마다 비경이 흐르는
부드러운 능선너머
새벽별 여유로이 하늘에 올라

여름이 익어가는 산그늘마다
한폭 아름다운 수채화로
아련히 피어 오른다

사시사철
날개를 돌아 돌던 신비한 그곳에
혼돈도 의심하지 않은채
달빛은 은은히 머물다 간다

# 백로

절기를 맞추어
고만고만한 새끼를 낳아
배고파 보채는 새끼들
오랜 기다림에

먹이를 물고온 아비 새의 다독임
새끼들의 기쁜 함성

아스름히 새벽이 움직이면
무리지어 나르는 새들을 기다리다
동동 거리는 발걸음

철새들의 보금자리
새벽잠이 녹아난다

# 성모님

평범한 날들이
평화라는걸 마음에 새겨
욕심도 고집도 버리고
새날을 깨운다

꽃송이 마다
매달린 기도의 사랑
하루도 빠짐없이 부르는

성모님
내 영혼의 어머니

# 정동진

새벽이 일출을 맞이하려
무거운 눈꺼풀을 비빈다
덩달아 카메라 렌즈도 함께 눈을 떴다

코끝으로 스쳐 지나가는 바람소리나
새벽을 깨우는 새소리를
잡으려 애를 쓰나 좀처럼 잡히지 않는다

유한의 세계에서
무한으로 드나들고 싶은 충동을
온몸에 두르고
아침을 나선다

신선한 바람 한 자락을 쥐고
긴 호흡 할 때
잃어버린 뭉클한 젊은이
앞길을 인도한다

# 내 안의 나

쓰러질 듯이 야윈 바람에도
계절은 혼돈 속에 빠진다

무늬를 잣던 빗방울도
낯설어 하며 오한을 느끼는데

사시사철 날개를 돌아 돌던
잎새의 터 그곳에

텅 빈 길목의 한 모퉁이가
뜨겁던 계절의 뒤안이라 할지라도

그들의 목젖을 적시던
아름다운 시간을 그대로 안은채

처음의 제 모습을 흔들리지 않고
혼돈도 의심하지 않은 채 서있다

# 푸르른 틈새

세월의 움직임이 보인다

여름을 재촉하는 뜨거운 햇살이 피어 흐른다
소망을 자주 비껴가는
삶의 방식

긴세월 구부러진 허리
한여름 식혀주는 노래
감성을 자아주는
위로의 음률들은 더위에 내려 앉는다

한여름의 열정
무심한 세월을 휘젓고
설레는 가슴 앞서 나간다

# 가파도

꽃잎에 내려앉은 햇살은
반추의 바위위에 쏟아져
편집된 가을에 머물고 있다

에메랄드빛 바다 언덕길
화사하게 열리는
바닷길을 걸으며

두근거리는 가슴으로
빙글빙글 돌아가는 풍차의
길 안으로 빠져 든다

바다는 너울거리는 물살로
햇살을 건지며 마라도
눈 아래서 출렁 거리고

청량한 꽃은 가을의 향기
내곁에 날리며
부드러운 현을 켜고 있다

한국남부발전(주)

# 무궁화

햇살을 재촉하여
꽃을 파운다
한겹 한겹 그림자 여울
꽃망울 터뜨린다

사연 많은 꽃중에 꽃
멀리서 온 발걸음
어찌하여 알었는지
즐겨 웃는 꽃이여

속세의 번민이
상처라 할지라도

꽃가지 끝에
찾아온 친구
길을 환하게 밝힌다

# 녹차밭

초록바람 속삭이는 고요
옛 이야기 소곤 거린다
다정한 모양

작은 바람 한자락
살며시 내려 앉는다

투명한 풍경들을
모아들여
계절은 그 자리에 서있는데

나홀로 지나가다
고요한 평화를 꿈꾼다

# 꽃구경

황홀함이 가슴을 덮는다

설레는 마음 간직 한채
함박꽃 같은 웃음 지으며
흩날리는 꽃잎사이 뛰어놀던 어린 시절
그리움에 젖는다

사뿐 사뿐
꽃 길 걸으면
기쁨으로 걷는 천국 길 같다

늘어선 벚꽃 길 혼자 걸으면
빙긋이 미소가 만발 한다

# 황매산

태양의 강렬한 입장속에
붉은 꽃들이 고요히 숨을 튀우는
뜨거운 황매산 의등

선홍빛 은 살아 움직이고
터뜨리는 호흡은

긴밤을 잘새운
산의 안녕이다
짊어진 짐을 내려놓기에
알맞은
산언덕을 타고
경이로운 아침을 맞이한다

# 수국

다복다복 피어오른
청초한 빛고을

햇살 눈부셔
소복이 방실방실

화-알-짝
행복한 웃음

너의 진심
나의 진심

탄성이 머무는 시간따라
숲을 채우는 꽃들
웃음이 만발한다

# 튜립

낮으막한 언덕
끝당을 보리밭을 지나
청정한 바람 샤르릉
피어나면

봄빛으로 찾아오는 꽃바람

돌지않는 풍차앞에
무리지은 튜립

# 렌즈의 감각으로

사진 촬영을 위해
세상을 향한
렌즈의 예민한 감각으로
자연의 속삭임 까지 담는다

바람의 길을 지날때까지

잠시
셔터의 움직임을참고
기다리는 길섶에 머문다

그립던 세월
많은  상념들은
흑백속에서
각양각색의 빛깔로 채색되지만

가냘픈 빛이
생기에 가득찬 흐름의 멧세지
영상의 감각으로
섬세하게 빚어낸다

# 우포 늪

고요가 서서히 숨을 튀우는
실바람이 보드랍다
꿈속을 헤매듯이
붉은 드레쓰 펼치며
산등성이 오르는
햇살을 만나고

물안개 속에 비켜가는 새벽
실바람이 사는곳
연록색의 나뭇잎이
모습을 드러내면

우포늪은 잠에서 깨어난다

숨죽이며 손을 내밀어
설레는 마음으로
풍경을 담아내는

자연에 물든 시간속에
봄날 느긋한 하루가 간다

# 오륙도

꽃처럼 고운날
음률의 조율에
조용해지는 나의 오선지

속삭이는 언어들이
살아움직인다
무리지은 꽃들이 사뿐히
무릎에 앉는다

맑은바다 하늘이 내려 앉으면
하얀구름도 덩달아
소풍길 둥둥
산산히 불어오는 바람
산과산 나란히 반긴다

# 소나무

석양에
내려오는 빗금

시간을 정자 시켜놓고 싶은
바람 푸르른
순간들을 붙들고 있다

입소문이 허드러진
정겨운 소나무들
깨어 파르륵 속삭이는 숨소리
우주의 빛깔 한폭을 담아내고 있다

# 단풍

이슬이 젖은 침묵이 숨을 고르고
안개로 뒤덥인 골짜기는
꿈으로 하얗다

곱디고운 모습으로
높은 산에서
서서히 나지막한 숨소리로 속삭인다

무심히 흘러가는 시간 속에서
맑게 쏟아지는
삶의 생기를 느끼며
온몸으로 시원한
푸른 하늘을 본다

# 해바라기

햇살의 에너지에 웃는 들판
태초의 신록이듯 빛나는
찬란
그것들의 언어에
가라앉은 침묵으로
노래를 들려준다

머리결 같은 구름은
바람에 걸려 머뭇거리고
붉은 치마같은 햇살이
설레임과 기다림으로
동공은 확장된다

# 고목의 침묵

쓰러질듯이 야윈 바람에도
계절은 혼돈 속에 빠지고

무뉘를 짓던 빗방울도
낯설어 하며 오한을 느끼는 일부

사시사철 날개를 돌아 돌던
잎새의 터에는

그곳에
늙은 나이테 하나 긋기가 끝날 쯤

텅 빈 길목의 한 모퉁이가
뜨겁던 계절의 뒤안이라 할지라도

서늘한 바람도 의심하지 않는채
혼돈한 계절이 무심하게

처음처럼 그 자리에
품을 만들고 그렇게 서 있다

# 정방폭포

화려한 희망을 맞이하려
마음을 비운다
세월에 밀려
유혹되고 싶은 가을

꽃구름 살랑거려
창너머 눈주름 날리면
소곳이 피워 올린꿈

작은 마음
넓어지고
햇살을 반기며 투명하게
온몸으로 춤을 춘다

피어오르는 꽃들의 낭만
아직은 젊은 가을이다

# 명재고택

앙상한 나뭇가지
감싸 안는다

자연의 침묵
소리 없이
하늘에서 내려
절대적인
침체에서
벗어나는 안일의 하루
허무의 날개 같은
그리움
털어내고 있다

조잘대는 햇볕속에
잔잔한 기쁨
하얀 파도같은 세월에
청정한 바람 피어난다

# 다락논

팽팽하게
쏟아지는 햇살
작은 바람에도
뭉클한 감동으로
빛깔을 바꾸어
가을을 부른다

긴 시간
혼자의 기다림으로
쓸쓸히 반복하는 그리움
화려한 희망을 맞이하려
마음을 비운다

풍성한 식량 품어 안고서

# 대둔산

자연의 침묵 속으로
안개 내리면
또 다른 모습으로 바람 끝이 서늘하다

입소문이 허드러진
정겨운 숲속길이
밤낮으로 흔들리는 나목 되어
겨울산은 신비를 먹고산다

능선마다
청명한 선을 그어
햇살 닿으면
눈은 쌓인 보석이 된다

# 동행

새싹 돋듯
침묵의 대지를 뚫고나오는
너와 나의 오가는 해빙
봄날이다

하늘의 본래의 빛깔
유난히 파란빛
무늬놓은 하얀 구름
곱게 피워 올리던날

세월의 틈틈이 챙겨둔
그리움
함께 펴서 나누고
남은 날을 걷자

# 연꽃

바람 불어 꽃씨 날리면
실빛 같은 빗줄기로
깊은 잠을 깨워
숲과 나무를 키우고
꽃들을 피워낸다

꽃잎 평화롭게 호수에 잠기고
햇살이 잘게 부서져
아름다운 빛으로 다가온다

꽃등불 켜들고
기다리는
오랜 기억속에 그려내는
그리움이 붉다

# 낯선 얼굴

기억 속을 머물던
젊은 날의
나를 찾으려
거울 속을 보면
낯선 할머니
한 분이 나를 쳐다본다
소스라쳐
놀라서 깨어본 꿈
그래도 거울 속에는
나를 찾을 길 없다

이말례 30세 때

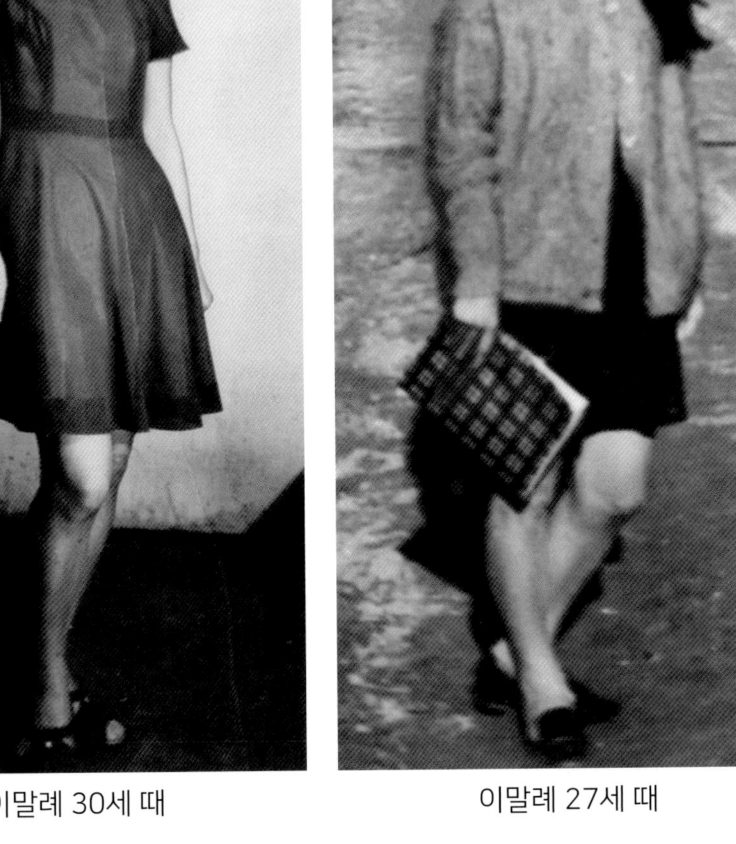
이말례 27세 때

햇 살
이말례
조용히 찾아 들어
소리 없이 어루만지는
부드러운 손길
밤새님 그리워 추워 떨던
앙상한 나뭇가지에
움돋은 순들이 기지개를 펴게 한다
앵돌아져 추운 날씨 다시 오면
꽃을 피워내던 나무들
사슴 목처럼 외로움이 길어진다
어머님의 손길처럼 부드러운 햇살
육신을 더듬으며
사랑으로 나를 포근히 감싸 안는다

동백꽃
이말례
동틀녘의 빛은 이슬을 낳고
찬란한 환희는
감미로운 꽃길을 만들어낸다
풍요로 만든 나뭇잎사이
붉은 사랑을 간직하고
봄을 반긴다
어느덧 붉게 물든 마음도
속절없이 흘러가는 세월에 겨워
지나가는 삶의 길에 내려앉는다
몸살처럼 앓던 그리움으로
눈가에 묶여 있던 눈물이 이슬 되어
서쪽 하늘을 적시고 있다

거제도 문동 폭포길

목련
이말례
깊은 봄인가
하여
창문을 열었더니
꽃봉오리 눈짓에
봄단장이 화사하고
가지마다 결 고운
꽃송이 피어나면
베르테르의 편지를 읽고 싶은
두근거릴 가슴에
미리 핀 목련꽃 곱다
그믐날
불 밝히는
등불 같은 꽃 아래
서성이던 마음은
달빛처럼 은은한 꽃에 젖어 있어라

이말례님은 시인이자 사진작가로서 다재다능한 사람으로서 발로 걸으면서 주변의 아름다운 자연을 시로서 때로는 사진으로 표현하는 자연 친화적인 예인이라 생각됩니다.

계절의 변화를 빨리 읽어 일출과 일몰의 황홀한 분위기라든지 유채꽃, 목련, 연꽃 등의 갖가지 꽃들과 철새, 텃새 등 무지개빛 분수 몸으로 익힌 언어와 사진을 잘 표현하려는 노력이 여실히 보입니다.

시인은 때로는 머리와 가슴으로 사진작가는 눈으로 몸과 다리로 언어와 사진으로 승화시켜 표현하기에 남다른 열정과 인내가 없으면 표현하기가 힘드는 작업이라 생각됩니다.

이말례님은 여성의 부드러운 시선으로 심미안으로 가을의 단풍과 낙엽을 시로써 또는 깊은 계곡의 폭포와 나무를 사진으로 바다와 산의 안개비 내리는 날도 마다않고 메모지와 카메라를 들고 걷는 것만큼 보이고 시와 사진을 촬영한 만큼 격이 높어진다는 말이 거짓이 아니라는 것을 예인 이말례님은 진실한 크리스찬이면서 사진작가로 이 한 권의 작품집이 모든 말을 다하는 것 같습니다.

정말 열심히 인생의 삶을 살아가며 시를 쓰고 사진촬영을 다니는 것을 보면 타의 모범이 되지 않나 저 자신도 감탄하지 않을 수 없습니다.
앞으로 더욱더 앞과 뒤, 좌우를 살펴 가면서 열심히 예술활동을 하시길 기원합니다.

제 6집 시와 사진집을 출간함에
진심으로 축하드립니다

**주 철 민** (사)한국사진작가협회 자문위원 (시인)

# 계절의 만남

2022년 6월 15일 인쇄
2022년 6월 17일 발행

저 자 : 이 말 례
발 행 인 : 박 중 열
인 쇄 처 : 효성문화사
발 행 처 : 다솜출판사
등록번호 : 제2001-000001호(1994년 4월 22일)
주 소 : 부산광역시 중구 대청로135번길 10-1
TEL. : (051)462-7207~8
FAX. : (051)465-0646

정가 15,000원


ISBN : 978-89-5562-719-0 03810

한국예술인복지재단 창작준비금 지원으로 제작되었습니다.